Mi nombre es Luto, y en esta historia, mis compañeros de la patrulla Antiduelo y yo ayudaremos a Lukas a comprender por qué todos le dicen cosas tan raras sobre dónde está su papá.

Valores implícitos

A través de esta historia, se abordan diferentes emociones como el amor, la frustración y la empatía, además de valores como la perseverancia, el respeto, la cercanía, la transparencia y la sinceridad a la hora de hablar con los niños.

¿Dónde está mi papá?

© del texto: Macarena Dorado Rodríguez
© de las ilustraciones: Carlos Kley de Oliveira Zampilis
© del diseño y corrección: Equipo BABIDI-BÚ

© de esta edición:
Editorial BABIDI-BÚ, 2024
Avda. San Francisco Javier, 9, 6ª, 23
Edificio Sevilla 2
41018 - SEVILLA
Tlfn: 912.665.684
info@babidibulibros.com
www.babidibulibros.com

Impreso en España
Primera edición: noviembre, 2024

ISBN: 978-84-19973-94-8
Depósito Legal: SE 2122-2024

Macarena Dorado Rodríguez

¿Dónde está mi PAPÁ?

Ilustrado por:
Carlos Kley de Oliveira Zampilis

Esta familia que veis paseando por el parque es la familia de Lukas.

Sí, el hombre que corre detrás del perro es el padre de Lukas. Y la mujer y el niño que ríen al lado son la madre y él.

Un día, al llegar Lukas a casa después del cole, se encontró a gran parte de su familia en el salón.

Max, el perro, fue el primero en saludar a Lukas.

—¿Qué hacéis todos aquí? ¿Celebramos una fiesta? —dijo Lukas con cara de duda y asombro.

«Tal vez por eso no ha venido mi papá a recogerme», pensó.

Todos empezaron a reír, aunque sus caras parecían bastante tristes.

Lukas vio que su madre lloraba en el sofá, así que se fue corriendo hacia ella y le preguntó por qué lloraba, y si él podría ayudarla de alguna forma.

Su madre le pidió que le abrazara tan fuerte como un oso, a lo que Lukas contestó:

—Mejor te abrazaré como un dinosaurio, que tienen mucha más fuerza.

Mientras se abrazaban, Lukas volvió a preguntar a su madre por qué estaba triste, y dónde estaba su papá.

—Ay, Lukas, Lukas... siempre tantas preguntas... —dijo la madre mientras los dos caminaban hacia la habitación de Lukas.

—A ver cómo te lo explico... ¿Te acuerdas de que hace unos años teníamos un pez y se murió porque se nos olvidó darle de comer? —preguntó la madre.

—Sí, Nemo. Después lo metimos en una caja y lo enterramos en el jardín.

—Y ya no volvimos a verlo más —dijo la madre, mientras le caían dos lágrimas de sus ojos.

—¿Papá también está triste porque se murió Nemo y por eso no ha venido a recogerme?

—No, Lukas, papá no está, papá también ha muerto.

Lukas se quedó serio mirando a su madre, mientras ella lloraba.

—¿Papá ha muerto?

—Sí, como Nemo.

—¿Qué? ¿Se ha quedado sin comida y por eso se ha muerto?

—No, Lukas, él ha tenido un accidente con la moto.

—¿Y estará para siempre dormido como el pez Nemo?

—Sí...

—Pero... yo quiero verlo y jugar con él. En la película de Blancanieves y los siete enanitos, cuando un príncipe besa a la princesa, ella se despierta. Puedo decirle a la abuela que me haga un disfraz de príncipe y le doy yo un beso... A lo mejor se despierta. O compramos un despertador supergrande, que suene superfuerte como las campanas de la iglesia, para que se despierte.

—Lukas, no podemos hacer nada, cariño... Papá se ha muerto, se ha ido y no volveremos a verlo.

—¡NO!, papá no se ha muerto. Yo quiero a mi papá, quiero que venga y jugar con él —gritó Lukas, enfadado mientras lloraba y se metía en el tipi que tenía en su cuarto.

De repente, Lukas empezó a escuchar ruidos en su cuarto, y al salir del tipi, se encontró un perro un poco extraño, con gafas y un maletín.

—¡Oh!, qué mono..., parece un profesor. ¿Te has perdido? —preguntó Lukas.

—Hola, mi nombre es Luto —dijo el perro—. Cuando alguien muere, visito a los familiares que necesiten ayuda, y mi olfato me ha traído hasta aquí.

—Mi papá se ha muerto —dijo Lukas, triste.

—Vaya, lo siento mucho, toma algo para ti —dijo Luto mientras le daba una pelota llena de babas a Lukas...

—Mmm... ¿Gracias? —dijo Lukas.

—Sígueme, estoy seguro de que algún miembro de mi equipo «La patrulla contra el duelo» podrá ayudarte.

—¿Sabéis dónde está mi papá?

Lukas cogió a Max y empezaron a perseguir a Luto, el cual se fue corriendo al jardín hasta llegar a la casita de Max.

—Vamos, entrad —dijo Luto.

Al entrar en la casita de Max, llegaron a una sala con muchas muchas puertas.

—Hala, qué guay, ¿qué son esas puertas?

Luto le explicó que dentro de cada una de las salas, encontraría una forma de poder ver y sentir a su padre cerca de él.

Al escuchar eso, Lukas empezó a correr en dirección a una de las puertas, la azul.

—¡Eh!, espera, no tan rápido. Necesitarás esto para entrar —dijo Luto enseñándole una llave con forma de hueso.

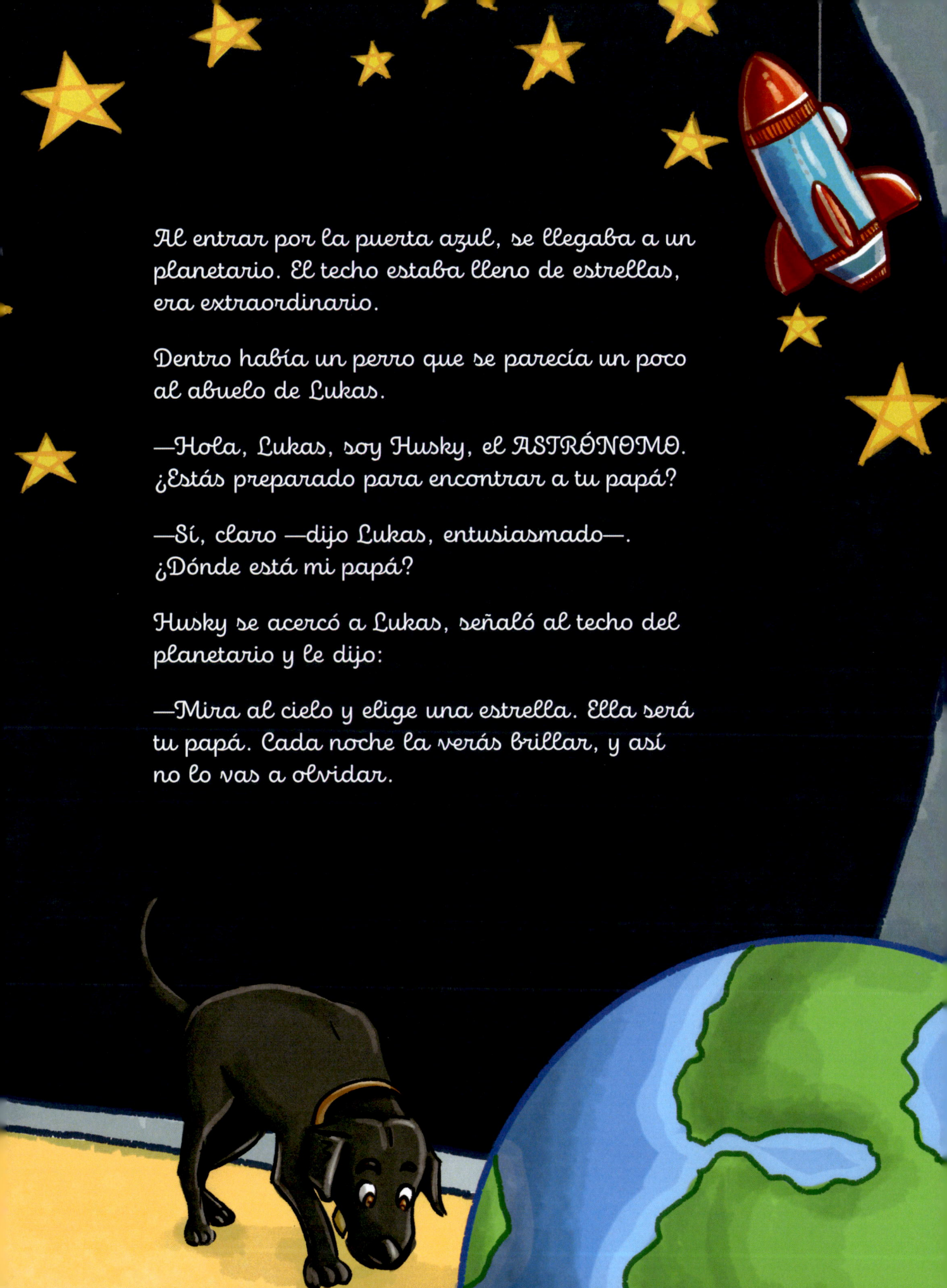

Al entrar por la puerta azul, se llegaba a un planetario. El techo estaba lleno de estrellas, era extraordinario.

Dentro había un perro que se parecía un poco al abuelo de Lukas.

—Hola, Lukas, soy Husky, el ASTRÓNOMO. ¿Estás preparado para encontrar a tu papá?

—Sí, claro —dijo Lukas, entusiasmado—. ¿Dónde está mi papá?

Husky se acercó a Lukas, señaló al techo del planetario y le dijo:

—Mira al cielo y elige una estrella. Ella será tu papá. Cada noche la verás brillar, y así no lo vas a olvidar.

Lukas salió lleno de enfado de la puerta azul.

—¿Que mi papá es una estrella ha dicho? Eso es imposible. Vamos a otro lugar —decía mientras caminaba hacia la puerta amarilla.

Dentro de la puerta amarilla se encontraba el antiguo Egipto, con estatuas y faraones, tesoros y laberintos.

—Hola, Lukas, soy Anubis, el guardián. ¿Estás preparado para encontrar a tu papá?

Esta vez, el perro se parecía al tío de Lukas.

—Sí, claro —dijo Lukas, entusiasmado—. ¿Dónde está mi papá?

Anubis le mostró a Lukas unas cajas muy grandes, de oro y con símbolos pintados, y dijo:

—En uno de estos sarcófagos encontrarás la momia de tu papá. Abriré uno para que veas cómo es una momia de verdad, y que, a pesar de ser un poco feas, aún pueden hablar y jugar.

—Corre, Max, que nos pilla la momia. Entremos en otra puerta —gritaba Lukas, asustado.

Al adentrarse en la puerta verde, llegaron a una pradera llena de árboles y flores, se notaba que había llegado la primavera.

—Hola, Lukas, soy Labradora, la perra agricultora. ¿Estás preparado para encontrar a tu papá? —dijo el perro que se parecía a su abuela.

—Sí, claro —dijo Lukas un poco triste. ¿Dónde está mi papá?

Labradora se acercó a un armario lleno de semillas, mientras decía:

—Si era de pelo rubio el caballero, plantaremos un limonero. Y así, de esta semilla saldrá el árbol de tu papá.

Lukas comenzó a llorar al salir de esta puerta.

—No voy a volver a ver a mi papá —decía.

—Tranquilo —le dijo Max—. Vamos a seguir buscando.

La siguiente puerta, la blanca, los llevó a una oficina. Estaba llena de cartas y cajas, globos y pegatinas.

—Hola, Lukas, soy Teckel, la cartera.

«Se parece un poco a mi tía», pensó Lukas.

—¿Sabes tú dónde está mi papá? ¡Él no es una estrella ni una momia ni un árbol que sembrar!

—Tu papá está en el cielo. No podrás verlo más, pero podrás enviarle cartas, y seguro que le gustarán.

—¿Por qué dicen todos cosas tan raras sobre mi papá? Él no es una estrella, ni una momia, ni un árbol que sembrar, y tampoco está en el cielo porque no tiene alas para volar —decía Lukas mientras caminaba en dirección a la última puerta.

Esta puerta no era azul, ni verde, ni amarilla, ni blanca; sino que era multicolor. Parecía el arcoíris, molaba un montón.

Al entrar, llegaron a un jardín, repleto de pelotas y huesos; sin duda, el sueño de cualquier sabueso.

—¿Eh? ¿Qué hacemos en nuestro jardín? —se preguntaba Lukas.

—Mira, Lukas —dijo Max—, dentro de estos huesos, están todos mis recuerdos. A lo mejor, puedes ver a tu papá a través de ellos. Los recuerdos son momentos que ya han ocurrido y que se quedan grabados en nuestra mente. Por eso, podemos acordarnos de ellos. Al comerme este hueso, por ejemplo, recuerdo el día que fuimos al parque con mi pelota nueva.

—¡Eh!, pero yo no tengo huesos, ni me gusta comer huesos —dijo Lukas.

—Lo sé, y no sabes lo que te pierdes, pero hay otra forma para ti. Cierra los ojos, querido Lukas, y piensa en tu papá. En tus recuerdos lo encontrarás. Tal y como él era de verdad. Momentos buenos y malos. En todos puedes pensar, y de esta forma él estará contigo para siempre.

Lukas cerró los ojos y empezó a recordar muchos momentos con su padre, como cuando lo llevaba al campo de fútbol para ver un partido, o cuando cocinaban juntos.

Al salir de la sala, se encontraron con Luto, el cual les dijo:

—Me alegra verte contento, Lukas. Al principio es normal estar enfadado, triste y llorar cuando alguien muere. Pero ahora, ya sabes muchas formas de sentir a tu papá cerca de ti.

Lukas salió de casa de Max en busca de su madre, y al verla, le dijo que él ya sabía cómo ver a su papá.

—Lukas, papá está en el cementerio —dijo la madre—, si quieres, podemos ir a llevarle flores o dibujos.

—No, mamá, no hablo sobre eso. Te voy a contar algo que te ayudará a estar menos triste. Papá sigue con nosotros. Él puede ser una estrella, una momia, un árbol, puede estar en el cielo, o puedes cerrar los ojos y pensar en él. Así sentirás que está cerca de ti.

La madre cerró los ojos, y los dos empezaron a recordar momentos, mientras se abrazaban y reían.